BIOGRAPHIE

DE NAPOLÉON ET DE SES GÉNÉRAUX.

NAPOLÉON naquit à Ajaccio, le 15 août 1769, le jour de l'Assomption.

Vers midi, sa mère voulut aller à la messe à cause de la solennité du jour. Elle fut obligée de revenir en toute hâte ; n'ayant pu atteindre sa chambre à coucher elle déposa son enfant sur un de ces tapis à grandes figures de héros : c'était NAPOLÉON. Le comte de Marbœuf, protecteur de la famille Bonaparte, fit entrer Napoléon élève, aux frais du roi, à l'école militaire de Brienne, le 28 avril 1779. Enfant obstiné et curieux, fougueux et querelleur, puis sombre, rêveur et silencieux, le jeune Napoléon se distingua dans l'étude des mathématiques ; le 17 octobre 1784, il passa à l'école militaire de Paris ; son professeur d'histoire lui donna cette note : (Corse de nation et de caractère, il ira loin si les circonstances le favorisent.) Napoléon resta huit ans lieutenant d'artillerie dans les régiments de la Fère et de Grenoble (1er et 4e) ; il fit ses premières armes contre Paoli, son ami, en 1792, qui le fit bannir de la Corse ; il revient à Marseille avec sa mère et ses sœurs, et fut dans une si grande détresse, qu'il recevait des rations de la municipalité ; il fut nommé capitaine le 25 juillet 1793, chef de bataillon le 9 octobre suivant, par le représentant Barras, au siége de Toulon, et colonel le 19 octobre de la même année ; c'est par son artillerie que Toulon fut repris ; il en fut récompensé par le grade d'adjudant-général, chef de brigade le 6 février 1794. Il fut nommé général de brigade, commandant l'artillerie de l'armée d'Italie, sous le général Dumerbion, il se distingua à Saorgio, Oneille, etc. ; il fut arrêté comme suspect le 6 août, et mis en liberté provisoirement le 20 août suivant ; il vint en réclamation à Paris, n'obtint qu'un commandement d'infanterie dans la Vendée ; sur son refus, il fut rayé de la liste d'activité ; il demanda la permission de passer à Constantinople pour organiser l'artillerie turque, et ne reçut point de réponse. Pontécoulant le fit employer aux plans de campagnes du comité de la guerre. Le 5 octobre 1795, les Parisiens armés marchent contre la Convention. Bonaparte fit mitrailler cette multitude, sur les Quais, au portail Saint-Roch, dans les rues Saint-Honoré, Saint-Nicaise, de Rohan ; c'est la dernière insurrection en masse de la grande révolution de France jusqu'en juillet 1830 ; c'est aussi la fortune de Napoléon qui fut nommé commandant en chef de l'armée de l'intérieur le 26 octobre 1795 ; le 9 mars 1796, il épousa Joséphine, veuve du vicomte de Beauharnais ; 12 jours après, départ de Bonaparte, général en chef de l'armée d'Italie, le 21 mars 1796 ; c'est dans cette campagne qu'il déploya tout son génie militaire : Napoléon, à 27 ans, fit quatre campagnes dans un an, détruisit cinq armées, chacune plus forte que la sienne, l'armée Piémontaise à Mondovi, et quatre grandes armées autrichiennes. celle de Beaulieu à Cairo, Montenotte, Millesimo, Diégo, dans les journées des 5, 11, 14 et 15 avril 1796, au pont de Lodi le 10 mai, où il s'exposa en soldat; celle de Wurmser à Castiglione, le 5 août, Roverodo, Bassano les 3, 4 et 8 septembre; celle d'Alvinzy aux journées d'Arcole les 15, 16 et 17 novembre, à Rivoli et sous Mantoue, qui se rend avec le vieux Wurmser, le 2 février 1797; la quatrième sous le prince Charles qu'il bat et poursuit hors de l'Italie; en marchant sur Vienne où l'on tremble, les Français n'en sont qu'à 38 lieues, l'Empereur demande la paix; Bonaparte fait la remise solennelle du traité de Campo-Formio, au Directoire, le 10 octobre. Le 19 mai 1798, Bonaparte part de Toulon avec une flotte de 400 voiles, 72 vaisseaux de guerre, et 36,000 hommes pour envahir l'Égypte et la coloniser; il débarque le 2 juillet à Alexandrie; le 21, bataille des Pyramides, le 22 prise du Caire, le 2 août 1799, bataille d'Aboukir, le 9 octobre, Bonaparte revient en France, et arrive à Paris sans avoir fait quarantaine. Le 9 novembre 1799, il est nommé consul provisoire; le 24 octobre, premier consul pour dix ans; le 6 mai 1800, départ du premier consul pour la deuxième campagne d'Italie; le 21 passage du mont Saint-Bernard; le 14 juin, bataille de Marengo; le 24 décembre, machine infernale de la rue Saint-Nicaise, où il manque de périr; le 11 janvier 1802, il est nommé président de la république Italienne, le 25 mars, paix avec les Anglais, signée à Amiens; le 10 mai, la Légion-d'Honneur est instituée; le 2 août, Bonaparte est nommé consul à vie; le 18 mai 1804, il est nommé Empereur des Français et couronné par le Pape le 2 décembre suivant; le 28 mai 1805, Napoléon est nommé Roi d'Italie (campagne d'Autriche et de Moravie). L'Empereur part de Paris le 24 septembre, passe le Rhin le 1er octobre, et le 17 fait son entrée dans Ulm; le 11 novembre entrée des Français dans Vienne; le 2 décembre, bataille d'Austerlitz; le 26 décembre paix de Presbourg; (campagne de Prusse et de Pologne); le 24 septembre 1806, l'Empereur part de Paris le même jour que pour sa campagne d'Austerlitz; le 10 mai, combat de Saalfeld, mort du prince Louis de Prusse; le 14 novembre, bataille d'Yéna, le 25, entrée des Français dans Berlin, et le 28 dans Varsovie; le 8 février 1807, bataille d'Eylau; le 20 mai, prise de Dantzik; le 14 juin, bataille de Friedland; le 7 juillet, paix de Tilzitt. La campagne de Portugal ne fut pas heureuse pour les Français : Junot, après avoir envahi le Portugal et pris Lisbonne, fut obligé de capituler à Cintra, le 24 août 1808. L'invasion d'Espagne fut plus malheureuse encore, 500,000 braves Français y périrent en 6 ans, de 1808 à 1814 (seconde campagne d'Autriche, le 9 avril 1809), irruption des Autrichiens en Bavière le 15 avril. L'Empereur part de Paris : combats en Italie, en Allemagne, victoires d'Abensbecq, d'Eckmulh et de Ratisbonne (les 20, 21, 22 et 23 avril); le 13 mai, bombardement et prise de Vienne; les 21 et 22 mai, sanglante bataille d'Esling, mort du maréchal Lannes; le 6 juillet, bataille de Wagram; le 14 octobre, paix de Vienne; le 17 décembre, son mariage avec Joséphine est cassé par le Sénat; le 1er avril 1810, second mariage de Napoléon avec Marie-Louise à Saint-Cloud ; le 9 mai 1812, Napoléon part de Paris avec une armée de 500,000 combattants et 1,200 pièces d'artillerie ; le 28 juin, les Français dans Wilna ; le 17 août, bataille de Smolensk ; le 7 septembre, bataille de la Moskowa ; le 14, entrée des Français à Moskou ; hiver affreux ; le 7 novembre, désastre des Français ; les 26 et 28, passage de la Bérésina ; le 18 décembre, retour de Napoléon à Paris (campagne de Saxe) ; l'Empereur part de Paris le 15 avril 1813 ; le 2 mai, bataille de Lutzen ; le 20, bataille de Bautzen ; le 21 de Wurtchen ; le 27 août, bataille de Dresde, mort du général Moreau par un boulet français ; les 18 et 19 octobre, bataille de Leipsick, rupture du pont, mort de Poniatowski ; le 30 octobre, bataille d'Hanau ; le 9 novembre, retour de Napoléon à Paris ; le 21 décembre, les coalisés passent le Rhin (campagne de France). L'Empereur part de Paris le 21 janvier 1814, reprend Saint-Dizier le 27, le 29 combat sanglant de Brienne, où Morainville est blessé ; le 1er février, combat de la Rotière ; le 10 de Champ-Aubert ; le 11 de Montmirail ; le 12 de Château-Thierry ; le 14 de Vauchamp ; le 17 de Nangis ; le 18 de Montereau ; le 13 mars l'Empereur reprend Reims ; le 26 il reprend Saint-Dizier ; le 29 il est à Troyes ; le 30 combat de Paris, le 31 reddition de Paris par Marmont ; le 3 avril le Sénat prononce la déchéance de Napoléon ; le 13 son abdication à Fontainebleau, le 28 il s'embarque pour l'île d'Elbe ; le 26 février 1815, il part de l'île d'Elbe, débarque en France le 1er mars, entre à Paris le 20 sans avoir tiré un coup de fusil ; le 1er juin assemblée du champ de Mai ; toute l'Europe coalisée contre la France ; Napoléon part de Paris le 12 juin, bat les Prussiens et les Anglais : le 15 à Charleroy, le 16 à Ligny ; le 18 juin, bataille de Waterloo : la Garde impériale meurt et ne se rend pas ; le 22 juin deuxième abdication ; le 15 juillet prisonnier des Anglais ; le 15 octobre arrivée à Sainte-Hélène ; le 5 mai 1821, mort de Napoléon à 6 heures du soir ; ainsi la grande victime cessa de souffrir. « Nation française ! Rien à mon fils que mon nom !... Mon fils, France ! France ! » Tels furent ses derniers cris. Deux derniers mots prononcés « Tête.... armée.... » Dernier regard sur le buste de son fils ! « Ah ! je désire être enterré sur les bords de la Seine, au milieu des Français que j'ai tant aimés ! » Dernière volonté, qui a été accomplie le 15 décembre 1840.

Eugène de Beauharnais, beau-fils et aide-de-camp de Napoléon, vice-roi d'Italie, prince de Venise, naquit à Paris le 3 décembre 1781. Héros plein de bravoure et de loyauté, il fit ses premières campagnes en Italie. Napoléon dit à sa mère : Madame, votre fils marche rapidement à la postérité ; il s'est couvert de gloire dans toutes les affaires que nous avons eues en Italie ; il deviendra un des plus grands capitaines de l'Europe. En effet, ce modèle des braves, ce Bayard moderne, se fit toujours aimer des peuples et des armées qu'il commanda. Les batailles de Kraimbourg, de Bassano, de Wiazma, et surtout sa belle retraite de Russie, sont des titres immortels à la mémoire de ce héros sans tache. Il mourut de chagrin en 1824, le 21 février.

Mortier, duc de Trévise, fils d'un négociant du Cateau-Cambrésis, né en 1768, partit garde national, fit toutes les campagnes de la République et de l'Empire, et s'éleva, par son mérite, aux premiers grades militaires. Les batailles de Dierstein, de Vollin, de Stralsund, de Dunkermunde, sont des titres immortels à sa gloire. Il mourut assassiné à côté du roi, le 28 juillet 1835.

Maximien Lamarque, général de divison, né à Saint-Sever le 22 juillet 1770, soldat en 1792, capitaine en 1793, général de brigade en 1801, général de division en 1807. Les batailles de Hohenlinden, de Lunéville, le combat de Marathéa, la prise de l'île de Capré sur les Anglais, et la bataille de Wagram, où il eut quatre chevaux tués sous lui, sont ses titres à la reconnaissance nationale. Porté à la chambre élective par le suffrage de ses concitoyens, il s'y montra l'un des éloquents défenseurs de nos libertés, jusqu'à sa mort qui eut lieu le 24 juin 1832.

Masséna, duc de Rivoli, prince d'Essling, maréchal de France, fils d'un marchand de vin, né à Nice le 6 mai 1758, partit soldat, fit toutes les campagnes de la République et de l'Empire, et s'illustra partout, ce qui le fit appeler, par Napoléon, l'Enfant chéri de la victoire : il remporta les victoires d'Onéglia, de Carpenedolo, de Poutéba, de Louno, de Mollis, de Mont-Facio, de Vicence, de Tagliamento ; il fit son entrée dans Mantoue le 2 février 1797, dans Naples le 13 février 1806 ; mais c'est dans les champs de Zurich que Masséna déploya tout son génie militaire ; pressé par les armées du prince Charles, de

Suwaroff, et par le Directoire qui lui faisait un crime
de ses retards, tout autre que Masséna eût cédé; inébran-
lable dans ses résolutions, il attendit le moment qu'il avait
fixé pour agir, et le passage de la Limath, la battaille
de Zurich, la destruction de l'armée de Korsakoff, la défaite de Suwaroff et du prince Charles, vérifièrent ses cal-
culs, justifièrent sa conduite et sauvèrent la France. Il
mourut le 4 avril 1817.

Le général CAMBRONNE (Étienne), né à Nantes le 26 décembre 1770, commandait en 1800 la compagnie de grenadiers dans laquelle s'était illustré l'intrépide et modeste
la Tour-d'Auvergne. Ce héros ayant été tué à ses côtés,
Cambronne fut proclamé par ses soldats premier grenadier
de France; mais il refusa ce titre, en disant qu'il appar-
tenait à tous les militaires français. Blessé grièvement sous
les murs de Paris, le 30 mars 1814, il rejoignit Napoléon
à Fontainebleau et l'accompagna à l'île d'Elbe. Rentré en
France, il fut blessé et fait prisonnier à la bataille de Waterloo. On lui attribue ce mot sublime : La garde impériale meurt et ne se rend pas. Revenu d'Angleterre, il
fut mis en jugement et acquité à l'unanimité.

BRUNE, fils d'un avocat de Brives-la-Gaillarde (Corrèze),
prote d'imprimerie, soldat, général ambassadeur, maréchal de France, gouverneur des Iles Anséatiques, fit les
campagnes de la République et de l'Empire, gagna les
batailles de Pozzolo, de l'Adige; il mourut assassiné, à
Avignon, par un porte-faix, en 1815.

DAUMESNIL, dit la Jambe-de-Bois de Vincennes, né à
Périgueux, servit comme simple soldat en Italie et en
Égypte, fut nommé major de la garde en 1809, et eut
une jambe emportée à la bataille de Wagram. Napoléon
le nomma général de brigade en 1812, et lui donna pour
retraite le gouvernement du château de Vincennes; on
sait avec quelle fidélité il garda ce dépôt confié à sa foi,
et le défendit en 1814 contre toutes les armées de l'Europe, maîtresses alors de Paris et d'une partie de la France;
sommé d'en ouvrir les portes, il répondit : « Quand les
Russes me rendront ma jambe, je leur rendrai Vincennes. »
Où la force devenait impuissante, la corruption fut es-
sayée; un général prussien, Blücher, lui offrit trois mil-
lions s'il voulait livrer Vincennes : « Je ne vous rendrai
pas la place que je commande, lui répondit Daumes-

nil, mais je ne vous rendrai pas non plus votre lettre ; à défaut d'autre richesse, elle servira de dot à mes enfants. — » Il mourut en 1832.

JUNOT, sergent au siége de Toulon, aide-de-camp de Bonaparte en Italie, maréchal de France, duc d'Abrantés, né à Dijon le 25 octobre 1771, fit les campagnes d'Italie, d'Egypte, de Prusse et d'Allemagne, se distingua par sa bravoure. Il tomba, dit-on, en démence, et se jeta par une fenêtre en 1813, et mourut à Trieste, le 29 juillet.

BERTHIER, prince de Neufchâtel et de Wagram, fils d'un concierge de l'hôtel de la guerre, fit ses premières armes dans la guerre d'Amérique, et prit une part glorieuse à toutes les campagnes dé Napoléon, qui lui accorda la plus entière confiance. A la Restauration, il adhéra aux actes qui renversèrent son bienfaiteur. On dit qu'il se précipita d'une fenètre, dans un accès de fièvre chaude, en 1815.

MARCEAU, né à Chartres le 1er mars 1769, soldat à 16 ans, général à 23, fit tous ses efforts pour s'opposer à la reddition de Verdun, où le brave Beaurepaire se brûla la cervelle plutôt que de se rendre ; un représentant du peuple, apprenant la conduite qu'il avait tenue, lui demanda ce qu'il voulait qu'on lui rendît à la place de son équipage qu'il avait perdu : « Je ne veux qu'un sabre, répondit Marceau avec fureur ; je ne veux que venger notre défaite. » La bataille de Fleurus, les victoires du Mans et de Savenay, et deux savantes campagnes, lui avaient assuré l'immortalité ; l'armée de Sambre et Meuse ayant opéré une manœuvre de retraite le 19 septembre 1796, le corps commandé par le général Marceau quittait la position de Frienlingen, il avait entièrement filé par la chaussée d'Altenkirken, et sortait de la grande forêt d'Halhsbach, l'ennemi le suivait de près ; Marceau, pour favoriser la retraite du reste l'armée, choisit une position, y plaça une batterie de dix pièces d'artilleries légère, et s'avance pour reconnaître l'ennemi ; un coup de carabine part d'une haie qui cachait un chasseur tyrolien, le frappa mortellemement, le héros fait encore quelques pas et tombe ; les grenadiers français l'emportent sur un brancard qu'ils forment avec leurs armes ; ils arrivent le soir à Altenkirken ; Marceau y fut reçu par le général Jourdan et les principaux officiers de l'armée ; à son aspect, des larmes cou-

lèrent de tous les yeux : il possédait, si jaune, tant de
bravoure, de talents et d'activité. Marceau opposa un front
serein aux alarmes de ses amis : « Je suis trop regretté,
disait-il ; je suis trop heureux de mourir pour la patrie. »
Marceau, trop faible pour être transporté, resta au pouvoir de l'ennemi. Les généraux autrichiens lui donnèrent
les plus touchants témoignages de leur douleur et de leur
admiration ; les hussard de Blankeistein et de Barco, qui
avaient le plus fait la guerre contre lui, demandèrent à le
voir, et l'on vit des larmes couler des yeux de ces vieux
guerriers que Marceau avait toujours combattus ; enfin,
le prince Charles vint pleurer lui-même à son lit de mort,
et rendit la dépouille mortelle de ce jeune guerrier à ses
compagnons d'armes. Un plus bel hommage fut rendu à
sa mémoire : les deux armées suspendirent le cours de leurs
opérations, et, pour célébrer en commun les funérailles
de Marceau, elles oublièrent un moment leur haine.

Hoche (Lazare), naquit à Versailles, le 14 juin 1768,
d'une famille indigente ; livré à lui-même par la perte de
ses parents, il recevait d'une tante, fruitière, de temps en
temps, de quoi acheter des livres qu'il dévorait. Soldat à
17 ans, il était caporal lors de la révolution ; à la bataille
de Honscoote, il était adjudand-général, et se distingua
de manière qu'il fut en peu de temps nommé général de
brigade, général de division, et enfin général en chef de
l'armée de la Moselle ; son habileté le rendit vainqueur
dans les plaines de Wesseimbourg ; Landeau fut délivré et
Worms lui ouvrit ses portes ; la guerre de la Vendée dé-
solait les contrées de l'ouest ; Hoche, à la tête de l'armée
des côtes de Brest, attaque les insurgés réunis aux Anglais,
les bat à Carnac, les forces d'évacuer Auray, forme le blo-
cus de Quiberon, s'empare du fort Penthièvre, et con-
traint les ennemis à demander la paix. Son entreprise
sur l'Irlande ne fut pas aussi heureuse, mais la victoire
le couronna de nouveau à l'affaire du pont de Neuvied,
où les Autrichiens laissèrent 1,000 morts, 27 pièces de
canon, 7 drapeaux et 9,000 prisonniers. Soit que son in-
fleuence eût donné de l'ombrage au Directoire, ou qu'on
l'eût desservi, il perdit tout-à-coup son crédit, et mourut
de chagrin à l'âge de 29 ans, en 1798.

Desaix, gentilhomme, né en Auvergne, chef de division en 1790, et l'un des plus grands guerriers qu'ait pro-

duit la France, fit les premières campagnes de la République, et fut le conquérant de la Haute-Égypte. A la bataille de Marengo, cent bouches à feu faisaient voler la mort dans nos rangs, la garde consulaire était écrasée, nos ailes étaient débordées et notre cavalerie enfoncée ; les généraux français considéraient la bataille comme perdue ; deux divisions commandées par Desaix, après une marche forcée de dix lieues, se forment en colonnes serrées sous le feu de l'artillerie autrichienne, malgré qu'elle emporte à chaque volée des rangs entiers. Desaix s'avance au pas de charge à la tête de ses soldats, tout ce qui s'oppose à leur passage est écrasé, et la victoire n'est plus douteuse : mais, hélas ! qu'un tel succès nous coûte cher, l'intrépide Desaix, frappé d'une balle, tombe sous le poids de ses lauriers ; le héros laisse échapper ces mots d'une voix défaillante : « Allez dire au premier consul que je meurs avec le regret de n'avoir pas assez fait pour la postérité. »

Poniatowski (Joseph), prince, généralissime des armées polonaises, maréchal de l'empire français, naquit à Varsovie le 7 mai 1766, prit du service pour la France lors de l'invasion des Français en Pologne, et leva une armée de 40,000 hommes. Les batailles de Grolimin, Graudents, Meuwe, Dantzick, Friedland, furent témoins de ses brillants exploits. Il se noya dans l'Esther, le 13 octobre 1813.

Lefebvre, fils d'un ancien hussard de Ruffach, partit soldat, il fut nommé général en 1794, maréchal de France en 1804, et duc de Dantzick en 1807, et prit une part glorieuse à toutes les campagnes de la Révolution et de l'Empire. Il mourut en 1820.

Kléber (Jean-Baptiste), général en chef des armées de la République française, fils d'un terrassier du cardinal de Rohan, naquit à Strasbourg en 1754. Sa première campagne fut celle de la Vendée, mais le besoin que la France avait de son bras le fit nommer général de division à l'armée du Nord ; passages de grands fleuves, marches audacieuses, retraites savantes, siéges de places fortes, batailles rangées, telles furent les campagnes de Kléber depuis le jour où il arriva à l'armée du Nord jusqu'à celui où il cessa de se batre en Europe. En Egypte, on le vit à la tête de l'une des divisions de l'armée, prendre le fort d'El-Arisch, suivre le désert, s'emparer de Gaza, et emporter la ville et les forts de Jaffa ; Bonaparte, en quittant l'Egypte, avait laissé à Kléber le commandement de l'armée, et, quoique nos troupes fussent affaiblies par les combats et les marches dans le désert, il avait su, par de sages dispositions, conserver l'Egypte aux Français. Un jeune Osmanlis, qui crut servir sa religion, pénètre jusqu'à Kléber, et d'un coup de poignard renverse à ses pieds le second conquérant de l'Egypte; son corps fut transporté en France, et repose à Strasbourg, sa ville natale. Il mourut le 14 juin 1800, à l'âge de 46 ans.

AUGEREAU, duc de Castiglione, fils d'un marchand fruitier de Paris, soldat en 1792, général en 1794, maréchal de France en 1804, fit toutes les campagnes de la République et de l'Empire; il porta le premier drapeau sur le pont d'Arcole, remporta les victoires de Porto-Logrono, Nuremberg, passa les montagnes noires, et fit la guerre en Espagne en 1794 et 1809.

FOY, fils d'un directeur des postes, né à Ham (Somme), le 15 février 1775, lieutenant-général, député de l'Aisne. La France pleure ce grand capitaine, la tribune nationale regrette un de ses plus éloquents interprètes. Il mourut le 28 novembre 1825, âgé de 50 ans.

NEY (Michel), duc d'Elchingen, prince de la Moskowa, maréchal et pair de France, grand cordon de la Légion-d'Honneur et de la Couronne-de-Fer, fils d'un tonnelier, né à Sarrelouis, le 10 janvier 1760; il entra fort jeune au service, simple hussard, et parvint bientôt au grade de chef d'escadron; il se distingua à toutes les batailles auxquelles il prit part; à Ulm, Iéna, Magdebourg, Eylau, Friedland, etc. Mais ce fut surtout à la bataille de la Moskowa, où il reçut le nom de *brave des braves*, qu'il montra la grandeur et la force d'ame dont il était doué; commandant l'arrière-garde à la retraite de Russie, il ranima le courage des vieux soldats de Napoléon, et parvint à sauver, à travers mille dangers, les débris de cette armée jadis si belle et si puissante; il fit les campagnes de 1813 et 1814, reprit du service pendant, les 100 jours, ramena l'armée sur les bords de la Loire, signa avec les chefs des puissances étrangères une capitulation honorables qui lui garantissait la vie; cependant il fut condamné à mort par la chambre des Pairs de France, et fusillé le 7 décembre 1815. Il sut mourir avec la même force d'ame qu'il avait montré sur les champs de bataille.

Lannes, duc de Montebello, fils d'un ouvrier teinturier, né à Lectoure, soldat en 1792, général en 1800, maréchal de France en 1804, l'un des plus grand capitaines des armées françaises. Il se trouva dans toutes les grandes batailles de la Révolution et de l'Empire; Marengo, Austerlitz, Iéna, Friedland, furent témoins de sa valeur; il remporta les victoires de la Chiesella, de Pavie, de Montebello, de Tudela, de Saragosse. Il fut blessé mortellement à la bataille d'Essling, le 22 mai 1809; brusque, impétueux, ami sincère de Napoléon, il était du petit nombre de ceux qui lui disaient la vérité.

Lasalle, général de division, naquit à Metz, le 10 mai 1775, d'une ancienne famille; il entra simple chasseur à cheval au 23ᵉ régiment. Nommé officier, il fut choisi par le général Kellerman pour être son aide-de-camp; il reçut le grade de capitaine et celui de chef d'escadron sur le champ de bataille, fut fait colonel en Egypte. Nommé général, il fit les campagnes d'Austerlitz et celle de Prusse; avec un corps de cavalerie, il attaqua la ville fortifiée de Stettin, et ce qui paraîtra incroyable, le gouverneur, sommé par Lasalle, fit ouvrir les portes; 8,000 hommes de garnison et 150 pièces de canon tombèrent en son pouvoir; c'est à Wagram, au milieu du combat le plus horrible et le plus acharné, que le brave Lasalle reçut le coup mortel, regretté de toute l'armée.

Bertrand (Henri-Gratien), grand maréchal du palais, et fidèle ami de Napoléon, naquit à Châteauroux, en 1771; il suivit Napoléon à l'île d'Elbe et à Sainte-Hélène où il ne le quitta qu'après lui avoir fermé les yeux, et remis sa dépouille mortelle à la terre.

Montholon (Charles-Tristan), soldat à 15 ans, escorta Napoléon à l'île d'Elbe, le suivit à Sainte-Hélène, et ne le quitta qu'à sa mort.

Bernadote (Jean), né à Pau, fils d'un avocat, soldat au 60ᵉ de ligne, aujourd'hui roi de Suède.

Bessières, duc d'Istrie, fils d'un bourgeois de Preissac, soldat en 1792, capitaine en 1796, maréchal en 1806, tué dans le combat qui précéda la bataille de Lutzen, en 1813.

Jourdan, fils d'un bourgeois de Limoges, de sergent s'éleva par son courage et ses talents au grade de maréchal de France; il mourut gouverneur des Invalides en 1833.

Joubert, fils d'un avocat de Pont-de-Veau (Ain), né le 14 avril 1769, de simple grenadier à cheval devint général en chef, et fut tué à la bataille de Novi.

Kellermann, fils d'un bourgeois de Strasbourg, de soldat parvint au grade de général en chef. La belle défense de Valmy lui valut le titre de duc.

Moncey, duc de Conegliano, fils d'un avocat de Besançon, soldat à 16 ans, maréchal et pair de France.

Murat, fils d'un aubergiste de la Bastide, près Cahors, maréchal, prince et grand-amiral, grand duc de Berg et de Clèves, roi de Naples en 1807 ; fusillé le 15 octobre 1815.

Oudinot, duc de Reggio, fils d'un marchand de Bar, partit soldat ; maréchal et pair de France.

Pérignon, général de division en 1794, fils d'un bourgeois de Grenade, partit soldat.

Serrurier, fils d'un bourgeois de Laon, partit soldat et devint maréchal.

Suchet, duc d'Albuféra, fils d'un fabricant de Lyon, partit soldat.

Soult, né en 1770, fils d'un paysan de Saint-Amans, près Castres, soldat à 16 ans, général de brigade en 1796, maréchal de l'empire en 1804, ministre de la guerre à diverses reprises.

Victor-Perrin, né à La Marche, en Loraine, en 1766, garçon de boutique à Troyes, fifre, soldat en 1792, maréchal de France, duc de Bellune, pair et ministre.

Duroc, né à Pont-à-Mousson en 1772, fils d'un officier sans fortune, grand maréchal du palais, duc de Frioul, confident intime de Napoléon, tué par un boulet à Wurtchen, le 21 mai 1813.

Davoust, fils d'un gentilhomme de Bourgogne, général, maréchal, duc d'Auerstaës, prince d'Eckmulh, pair, ministre, mort en 1823.

Macdonald, né à Sancerre, le 17 novembre 1765, lieutenant en 1787, maréchal en 1809, duc de Tarente en 1810, pair de France.

Latour-d'Auvergne, né à Carhaix en Bretagne, le 25 décembre 1743, surnommé le premier grenadier de France, tué d'un coup de lance au combat de Neubourg.

H. Jardon, fils d'un pâtissier de Verviers, devint général de brigade en 1792. Sa bravoure était passée en proverbe parmi les troupes. Il chargeait une armée de vingt mille hommes à la tête de deux compagnies de grenadiers. S'il invitait les officiers de sa brigade à dîner, il ajoutait toujours après le repas : « *Allons, Messieurs, allons charger l'ennemi.* » Il disait que ni les balles, ni les boulets ne pouvaient rien sur sa personne. L'événement l'affermissait dans cette espèce de fatalisme. L'armée du nord n'a presque pas eu d'affaire où les chevaux et les ordonnances de Jardon n'aient été tués ou blessés à côté de lui. C'était un spectacle singulier de voir ses chevaux mutilés de coups de feu, les oreilles percées, la chair du poitrail et de la croupe emportée, et le maître toujours invulnérable. Au combat d'Outre-Meuse, où il détruisit une légion entière, il eut deux chevaux tués sous lui, son neveu reçut à ses côtés cinq blessures mortelles; ses ordonnances et ses aides-de-camp restèrent sur la place; une balle allait lui percer la poitrine, lorsqu'elle fut détournée par la lame de son sabre qu'elle brisa; une seconde cassa le pommeau dans sa main sans lui blesser seulement le cinquième doigt. Il n'allait jamais à la découverte, qu'une décharge de mousqueterie ne renversât une partie des siens. La mort semblait s'arrêter à ses vêtements comme à une égide. Dans une occasion, avec soixante-cinq hommes, il mit en déroute neuf cents Autrichiens.

Nota. Nous n'avons rapporté l'humble origine de tous les généraux célèbres que pour honorer leur mémoire d'une illustration personnelle. L'histoire doit marquer ces faibles commencement des grands hommes. C'est rappeler aux débris de la vieille armée de glorieux souvenirs. C'est rappeler à la génération naissante les hauts fait de la génération qui finit.

PROPRIÉTÉ DE MORAINVILLE.

TARBES. — IMPRIMERIE DE F. LAVIGNE.